El Proceso de Cambios Biblicos

by

Julie Ganschow
ACBC/IABC/AABC Certified Biblical Counselor

EL PROCESO DE CAMBIOS BIBLICOS
Copyright © 2012
Published by Pure Water Press, Kansas City, Missouri
Web: www.rgcconline.org
Web: www.biblicalcounselingforwomen.org
Blog: bc4women.blogspot.com
Email : reigninggracecounsel@rgcconline.org

Printed in the United States of America.

ISBN-13:978-0615816456 (Pure Water Press)
ISBN-10:0615816452

Dedicación

En la consejería no hay nada más importante que el impartir al aconsejado la necesidad de un cambio de corazón. Manteniendo en mente el proceso de la renovación, en mi ministerio, he tenido muchas veces el deseo de tener palabras imprimidas para mis aconsejados y de esta manera reforzar el contenido de las sesiones de consejería. Esto que tienes en tus manos es el resultado de este deseo. Llegó a ser una realidad como resultado de hablar con mi propio hijo acerca del proceso de cambio bíblico en su vida, y es para él a quien le dedico este pequeño folleto para la gloria de Dios.

Querido aconsejado,

Estás buscando por consejería porque tienes un problema en tu vida. Tal vez tengas un matrimonio en crisis, un desarreglo alimenticio, enojo pecaminoso, depresión, ansiedad, sentimientos de infelicidad. Tal vez tengas un problema de relaciones interpersonales, de drogas, o de abuso de alcohol, tal vez estés luchando contra inmoralidad, o muchas otras posibilidades. Puede ser que ya antes hayas tenido consejería por el mismo problema. Quizás has venido hoy con una canasta llena de problemas distintos que te gustaría resolver o por lo menos poder obtener control sobre ellos. La mayoría de la gente viene a la consejería esperando corregir una o dos cosas específicas.

Vienes con el pensamiento (¿expectación?) que hablarás del problema, el consejero/a lo escuchará y esto de alguna manera hará que se mejoren las cosas en tu vida. Esto no ha sido aprobado como un método efectivo que vaya a traer cambios reales y duraderos en tu vida.

En lo que te vas a embarcar aquí es un proceso. Es el proceso del cambio bíblico. Este proceso empieza con tu salvación (asumiendo que conoces a Jesucristo como tu Salvador Personal) y continuara hasta el día que mueras cuando serás hecho perfecto en todo. Es un proceso de dejar atrás quien eras (Filipenses 3: 12-14), y de revelar a Cristo, y la esperanza de Su gloria en tí. Porque este es un proceso dirigido hacia el cambio, va a implicar un poco de trabajo-algunas tareas prácticas y mucho más trabajo interno.

Mi oración por ti es que comprendas la importancia vital de un cambio bíblico para empezar a vivir tu vida con el propósito de glorificar a Dios.

"En cuanto a la pasada manera de vivir, despójense del viejo hombre, que está viciado conforme a los deseos engañosos, y renuévense en el Espíritu de su mente, y vístanse del nuevo hombre, creado según Dios en la justicia y santidad de la verdad."

Efesios 4:22-24

3

Tópicos Cubiertos

I.
El cambio requiere el entendimiento de la condición de tu corazón en el presente.

II.
Antes que el cambio sea bíblico debe haber un deseo de cambiar para glorificar a Dios.

III.
Hombre interno/Vida interna

IV.
El cambio es una batalla de la mente que se lucha dentro del cuerpo.

El cambio requiere el entendimiento de la condición de tu corazón en el presente

¿Qué es el "corazón"?

Definición: El corazón es la palabra bíblica usada para describir el estado espiritual del hombre. El corazón es tu parte inmaterial (no carnal) que incluye los pensamientos, las creencias, los deseos, la mente, los sentimientos, las intenciones, y las emociones. Frecuentemente es referido como el control del centro de tu ser.

Estamos esencialmente formados de dos partes:

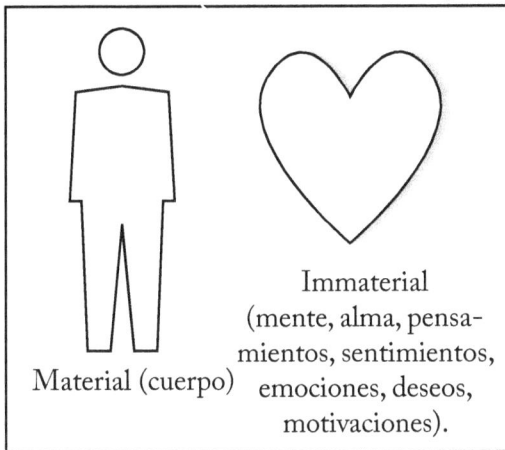

Material (cuerpo)

Immaterial (mente, alma, pensamientos, sentimientos, emociones, deseos, motivaciones).

Lo que piensas, crees y deseas en tu parte inmaterial (mente, corazón, alma, sentimientos), es lo que tu parte material (cuerpo) hace. Por ejemplo, si piensas que tienes sed, vas y tomas una bebida. Si crees que estás en peligro, corres. Si deseas comerte un cono de helado vas y te comes uno. Nuestro cuerpo está acostumbrado a responder automáticamente.

Nosotros también respondemos automáticamente a otro tipo de deseos y pensamientos. Cuando nos enojamos, puede ser que le peguemos a algo o que maldigamos. Cuando deseamos escapar de un problema tal vez bebamos o usemos drogas. Cuando queremos algo y no tenemos el dinero para comprarlo, quizás lo pongamos en nuestra tarjeta de crédito o hasta lo robamos. Cuando estamos en problemas, tememos que los demás se den cuenta y tal vez mintamos. También puede ser que esta clase de conducta se ha vuelto automática para ti.

Probablemente sin tu conocimiento directo, te has entrenado en responder de una manera específica cuando te confrontas con una circunstancia o situación. A través de la repetición esto se ha vuelto un hábito, o un patrón de conducta. Estos patrones de conducta pecaminosos se los encuentran en el corazón.

La Biblia tiene mucho que decir acerca del corazón.

"Como el agu a refleja el rostro, Así el corazón del hombre refleja al hombre."
Proverbios 27:19

5

¿Qué significa esto? Que así como el agua actúa como un espejo y enseña su apariencia por fuera, así también tu corazón refleja y revela como eres en el interior.

"El hombre bueno, del buen tesoro de su corazón saca lo que es bueno; y el hombre malo, del mal tesoro saca lo que es malo; porque de la abundancia del corazón habla su boca"

Lucas 6:45

"Más lo que sale de la boca, del corazón sale; y esto contamina al hombre. Porque del corazón salen los malos pensamientos, muertes, adulterios, fornicaciones, hurtos, falsos testimonios, blasfemias." Mateo 15:18-19

¿Luchas con pensamientos malos, amargura, inmoralidad, mentiras, chismes? ¿Qué es lo que la Biblia dice sobre la condición de tu corazón? La condición de tu corazón, de la manera que Dios la ve, se encuentra en Jeremías 17:9 "Engañoso es el corazón más que todas las cosas, y perverso; ¿Quién lo conocerá?

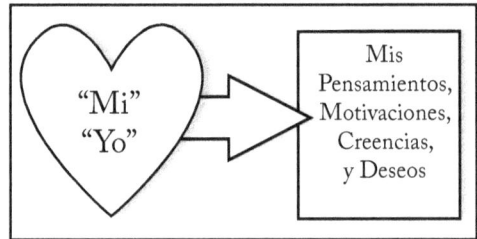

El corazón engañoso se inclina a satisfacerme, teniendo todo a mi propia manera, viviendo la vida para mis placeres, conmigo mismo como el centro de mi universo. ¿Te sorprenden estas cosas? Porque el corazón ha sido referido a ser el centro de control de nuestro ser, cualquier cosa que pienses, creas o desees en tu corazón es lo que te guía y determina tus acciones. Nosotros normalmente no pensamos que nuestro corazón sea malvado. Muchas veces diferentes personas son conocidas como que tienen un buen corazón o un corazón grande. Es posible que nunca hayas escuchado a alguien decir que tu corazón es engañoso, malvado y maligno. Pero si eres honesto contigo mismo te darás cuenta que tienes algunos de los hábitos pecaminosos encontrados en Mateo 15:18-19.

Lee este pasaje para que entiendas como Dios ve este problema:

*"...Pues habiendo conocido a Dios, no le glorificaron como a Dios, ni le dieron gracias, sino que **se envanecieron en sus razonamientos**, y su necio corazón fue entenebrecido. Profesando ser sabios, se hicieron necios...*
*Por esto Dios los entregó a **sus deseos vergonzosos**; pues aun sus mujeres cambiaron el uso natural del sexo por el que es contra la naturaleza, y de igual modo también los hombres, dejando el uso natural de la mujer, y se "encendieron en su lascivia" unos con otros, cometiendo hechos vergonzosos hombres con hombres, y recibiendo en sí mismos la retribución debida a su extravío. Y como ellos "**no aprobaron tener en cuenta a Dios**", Dios los entregó a una mente reprobada, para hacer cosas que no convienen; estando atestados de toda injusticia, fornicación,*

*perversidad, avaricia, maldad; llenos de envidia, homicidios, contiendas, engaños y malignidades; murmuradores, detractores, aborrecedores de Dios, injuriosos, soberbios, altivos, **inventores de males**, desobedientes a los padres, necios, desleales, sin afecto natural, implacables, sin misericordia; **quienes habiendo entendido el juicio de Dios**, que los que practican tales cosas son dignos de muerte, no sólo las hacen, sino que también se complacen con los que las practican."*

Romanos 1:21-32   (énfasis agregado)

Los pecados enumerados en Romanos 1:21-32 son el resultado de pensamientos, creencias y deseos pecaminosos. Toda acción comienza con un pensamiento. El pensamiento es estimulado por un deseo o una creencia. Este deseo o creencia se origina en el corazón.

Jesús tomo la oportunidad de hablar acerca de las actitudes del corazón cuando fue interrogado por los Fariseos y sus discípulos acerca de la comida purificada y el lavado ceremonial de manos. El les dio esta sabia respuesta:

"¿También ustedes son tan faltos de entendimiento? ¿No comprenden que todo lo que de afuera entra al hombre no le puede contaminar, porque no entra en su corazón, sino en el estómago, y se elimina? (Declarando así limpios todos los alimentos.) Y decía: Lo que sale del hombre, eso es lo que contamina al hombre. Porque de adentro, del corazón de los hombres, salen los malos pensamientos, fornicaciones, robos, homicidios, adulterios, avaricias, maldades, engaños, sensualidad, envidia, calumnia, orgullo e insensatez. Todas estas maldades de adentro salen, y contaminan al hombre"
Marcos 7:18-23

Las cosas infames que salen de nosotros se originan en el corazón. Antes de involucrarse en inmoralidad sexual, hubo un deseo por placeres ilícitos. Antes de robar, en la mente, hubo la creencia de merecer lo que deseábamos, y creencia de que no seríamos atrapados o expuestos. Antes del adulterio, hubo el deseo de "ser feliz", de tener nuestras necesidades complacidas, de sentirse deseado por su cómplice. Antes de engañar, hubo temor de ser cogido en falta o expuesto. Antes de chismear, creímos que teníamos la necesidad de compartir esa información con alguien; queríamos que alguien más supiera.

Todas tus acciones, incluyendo lo que te haya traído a consejería, empezaron como un pensamiento, creencia o deseo en tu corazón.

La importancia de Raíces y Frutos
(Por favor ver los diagramas de los árboles en las páginas 6 y 7)

¿Alguna vez has disfrutado un durazno dulce o una manzana fresca? La calidad de la fruta está determinada por el sistema de raíces del árbol. Si a las raíces se le dan fertilizantes ricos y nutritivos, el suelo se hará fecundo y productivo. Esto hace que el árbol sea fuerte, produciendo buena fruta.

Si las raíces del árbol están en mal suelo y sin fertilizantes, con nutrientes aditivos pobres en calidad o totalmente sin ellos, las raíces tendrán muy poca nutrición para llevar al tronco, las ramas y las hojas. El árbol será muy débil en calidad y su fruto será pobre.

La Importancia En Los Asuntos de la Raiz y de la Fruta

FRUTA MALA: El resultado de lo que pensamos, deseamos, creemos, y queremos en nuestro corazón.

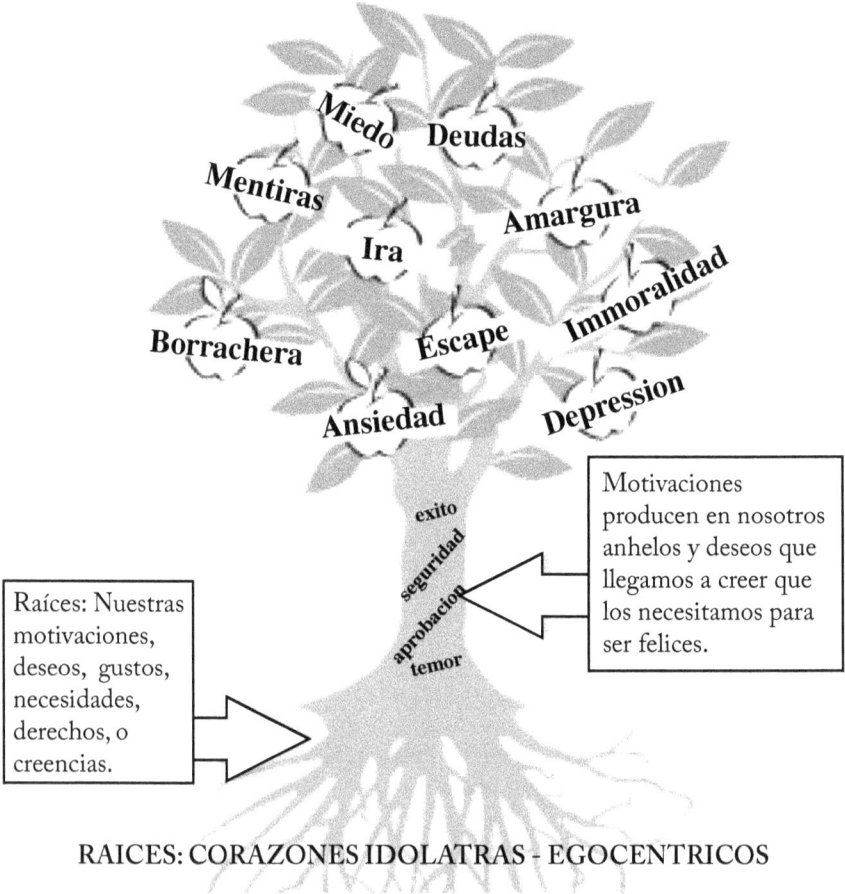

Miedo
Deudas
Mentiras
Amargura
Ira
Immoralidad
Borrachera
Escape
Depression
Ansiedad

exito
seguridad
aprobacion
temor

Motivaciones producen en nosotros anhelos y deseos que llegamos a creer que los necesitamos para ser felices.

Raíces: Nuestras motivaciones, deseos, gustos, necesidades, derechos, o creencias.

RAICES: CORAZONES IDOLATRAS - EGOCENTRICOS

"Las obras de la naturaleza pecaminosa se conocen bien: inmoralidad sexual, impureza y libertinaje; idolatría y brujería; odio, discordia, celos, arrebatos de ira, rivalidades, disensiones, sectarismos21 y envidia, borracheras, orgías, y otras cosas parecidas. Les advierto ahora, como antes lo hice, que los que practican tales cosas no heredarán el reino de Dios" Gálatas 5:19-21

La Importancia En Los Asuntos de la Raiz y de la Fruta

BUENA FRUTA: El resultado de lo que pensamos, deseamos, creemos, y queremos en nuestro corazón.

Perdon Paciencia

Gozo

Esperanza

Evangelismo

Autocontrol   Responsabilidad   Confianza

Sumision a las autoridades

Motivaciones producidas en nosotros como un deseo de honrar y glorificar a Dios con nuestras vidas, entendiendo que El es soberano y sabe lo que es mejor para nosotros.

Raíces: Nuestras motivaciones, deseos, gustos y creencias.

RAICES = DESEO DE GLORIFICAR A DIOS CON UN CORAZON PIADOSO Y CENTRADO EN DIOS

"En cambio, el fruto del Espíritu es amor, alegría, paz, paciencia, amabilidad, bondad, fidelidad, humildad y dominio propio. No hay ley que condene estas cosas."
Gálatas 5:22-23

9

Ahora considera los problema(s) que te trajeron a la consejería. Refirámonos a ellos como la fruta. En tu vida, has cultivado frutos de baja-calidad. Y este es el resultado, un producto producido por algo que lo hizo crecer. Debemos de concluir que un problema existe más profundamente en nuestro árbol de vida. Algo ha causado que tu fruto sea malo.

En el caso de la humanidad, podemos decir que el sistema de la raíz es igual al del corazón. Si tienes la fruta del enojo, depresión, ansiedad, inmoralidad, abuso de drogas o borracheras, mentiras, etc., significa que tus raíces están embebidas en idolatría y en un corazón egocéntrico. Tu corazón ha estado enfocado en tus gustos, necesidades, derechos personales, creencias y deseos.

De alguna manera has llegado a creer que necesitas ciertas cosas o personas para "ser feliz". Tal vez estés atraído a lograr éxito; puede ser que desees aprobación a toda costa; o tal vez tengas temor de no ser aceptado o de no sentirte seguro y esto te controla. Estas motivaciones estimuladas por los deseos del corazón han producido exactamente la clase de fruto que se esperaba- fruto horrible. ¡Si esto no fuera así, no estarías buscando consejería!

Es sorprendente para muchos aconsejados el hecho que no nos enfocamos específicamente en el enojo o en la borrachera cuando estamos aconsejando. No es de beneficio que simplemente arranquemos el mal fruto del árbol, porque después rápidamente en su lugar nacerá otro fruto nuevo pero malo. Las consecuencias que estás experimentando son los resultados del problema. Pero no son el principal problema.

Encontraremos el problema donde realmente está, en las raíces-en tu corazón. Lo que está guiando y motivando a tu corazón es lo que cambiará tus acciones y los resultados (el fruto).

Cuando pones tus pensamientos, creencias y deseos en glorificar a Dios, ahí habrá buenas acciones y buenos resultados. Pero porque el corazón está fijado en complacerse "a si mismo" tus pensamientos y acciones no son naturalmente iguales a las de Dios. Esto presenta un dilema porque Dios en la Biblia nos manda a ser santos.

> *"Más bien, sean ustedes santos en todo lo que hagan, como también es santo quien los llamó; pues está escrito: Sean santos, porque yo soy santo."*
>
> 1 Pedro 1:15-16

Practicando la santidad trae la gloria a Dios. Dios tiene que ser la meta en tu vida. Frecuentemente mis aconsejados me preguntan, "¿porque estoy aquí?". La respuesta mas simple y directa a esta pregunta podría cambiar tu vida: Estás aquí en este mundo para glorificar a Dios.

El glorificar a Dios sucede cuando el enfoque de tu vida cambia, de vivir para mis placeres y gloria a vivir para Sus placeres y Su gloria. Demanda que mi corazón cambie del enfoque ego-céntrico al enfoque Dios-céntrico.

En orden de poder lograr esta meta, varios cambios tienen que tomar lugar. El primer cambio que tiene que pasar es en el mismo corazón. No puedes cambiar tu propio corazón. Porque tu corazón es engañoso y malvado (Jeremías 17:9), posiblemente tú no sabes la profundidad de esta depravación, ni tampoco puedes hacer aparecer suficiente bondad en tí mismo para un cambio real y duradero. Puede ser que esto ya lo intentaste alguna vez como una resolución de Año Nuevo o en grupos de "auto-ayuda" de cualquier clase. Tu comportamiento puede haber cambiado por un tiempo o en algún nivel, pero estudios han comprobado el hecho que alterando el comportamiento únicamente no trae cambios duraderos y permanentes.

Solo Dios puede cambiar el corazón humano.

> *"Les daré un corazón nuevo y pondré en ustedes un espíritu nuevo: les arrancaré de su cuerpo el corazón de piedra y les daré un corazón de carne"*
> Ezequiel 36:26

> *"Yo les daré otro corazón y pondré dentro de ellos un espíritu nuevo: arrancaré de su cuerpo el corazón de piedra y les daré un corazón de carne, a fin de que sigan mis preceptos y observen mis leyes, poniéndolas en práctica. Así ellos serán mi pueblo y yo seré su Dios."*
> Ezequiel 11:19-20

> *"Les daré un corazón íntegro y una conducta íntegra, a fin de que me teman constantemente, para su propia felicidad y la de sus hijos después de ellos."*
> Jeremías 32:39

Dios nos da un nuevo corazón cuando somos salvos. La Salvación es necesaria por la existencia del pecado.

> *"Todos han pecado y están privados de la gloria de Dios,"*   Romanos 3:23

El Salmo 51 es un relato del Rey David, "un varón conforme al corazón de Dios" pero que pecó en gran manera en su vida. Lee sus palabras aquí:

> *¡Ten piedad de mí, Señor, por tu bondad, por tu gran compasión, borra mis faltas! ¡Lávame totalmente de mi culpa y mi pecado está siempre ante mí. Contra*

> *"Por eso, como dice el Espíritu Santo:*
> *Si escuchan hoy la voz de Dios, no endurezcan sus corazones como sucedio en el lugar de la rebelion el dia de la prueba en el desierto."*
> Hebreos 3:7-8

> *ti, contra ti solo pequé he hice lo que es malo a tus ojos. Por eso, será justa tu sentencia y tu juicio será irreprochable; yo soy culpable desde que nací; pecador me concibió mi madre. Tú amas la sinceridad del corazón y me enseñas la sabiduría en mi interior. Purifícame con el hisopo y quedaré limpio; lávame, y quedaré más blanco que la nieve.*
> Salmo 51:1-7

Este hombre sabio reconoció que él estaba en problemas profundos. El sabía que su pecado lo había separado de Dios. No era solo el pecado que él cometió en ese momento, pero admitió que él "había nacido como un pecador." El entendió que habría un día de juicio por sus pecados y pidió perdón por sus pecados, pidió redención y salvación. 1 Corintios 6:9-10 nos dice que por sus pecados, el impío no heredará el reino de Dios.

"Pero los cobardes, los incrédulos, los depravados, los asesinos, los lujuriosos, los hechiceros, los idólatras y todos los falsos, tendrán su herencia en el estanque de azufre ardiente, que es la segunda muerte" Apocalipsis 21:8

El no "heredar el reino de Dios" significa que estarás separado de Dios eternamente. Cuando expires tu último aliento, estarás perdido y sin esperanzas por toda la eternidad. No habrá una segunda oportunidad o perdón.

Quizás has oído esto antes y lo has desechado. Dios apremió a Su pueblo una y otra vez, pero muchos no escucharon Su llamado.

"Por tu obstinación en no querer arrepentirte, vas acumulando ira para el día de la ira, cuando se manifiesten los justos juicios de Dios, que retribuirá a cada uno según sus obras. Él dará la Vida eterna a los que por su constancia en la práctica del bien, buscan la gloria, el honor y la inmortalidad. En cambio, castigará con la ira y la violencia a los rebeldes, a los que no se someten a la verdad y se dejan arrastrar por la injusticia." Romanos 2:5-8

"Porque el salario del pecado es la muerte, mientras que el don gratuito de Dios es la Vida eterna, en Cristo Jesús, nuestro Señor." Romanos 6:23

Las buenas nuevas es que Jesucristo vino a redimir pecadores y a liberarnos del pago por el pecado y la muerte.

"Pero la prueba de que Dios nos ama es que Cristo murió por nosotros cuando todavía éramos pecadores. Y ahora que estamos justificados por su sangre, con mayor razón seremos librados por él de la ira de Dios." Romanos 5:8-9

Dios ha provisto una manera para ti de justificarte con El a través de Jesucristo.

"Al que no cometió pecado alguno, por nosotros Dios lo trató como pecador, para que en él recibiéramos la justicia de Dios." 2 Corintios 5:21

La única manera de tener justificación con Dios es a través de Jesucristo. Es esencial que entiendas y creas que no hay nada más que puedas hacer por ti mismo para salvarte.

La palabra de Dios dice:

"Porque los deseos de la carne se oponen a Dios, ya que no se someten a su Ley, ni pueden hacerlo. Por eso, los que viven de acuerdo con la carne no pueden agradar a Dios." Romanos 8:7-8

Sin Jesucristo es imposible el someternos a Dios y obedecerle.

*"Antes ustedes estaban muertos a causa de las maldades y pecados en que vivían, pues seguían los criterios de este mundo y hacían la voluntad de aquel espíritu que domina en el aire y que anima a los que desobedecen a Dios. De esa manera vivíamos también todos nosotros en otro tiempo, siguiendo nuestros malos deseos y cumpliendo los caprichos de nuestra naturaleza pecadora y de nuestros pensamientos. A causa de eso, merecíamos con toda razón el terrible castigo de Dios, igual que los demás. Pero Dios es tan misericordioso y nos amó con un amor tan grande, **que nos dio vida** juntamente con Cristo cuando todavía estábamos **muertos a causa de nuestros pecados.** Por la bondad de Dios han recibido ustedes la salvación. "(Es solo por el favor especial de Dios (su gracia) que tu has sido salvo!)"*

Efesios 2:1-5 (LBLA; énfasis agregado)

"Porque ustedes han sido salvados por su gracia, mediante la fe. Esto no proviene de ustedes, sino que es un don de Dios; y no es el resultado de las buenas obras, para que nadie se gloríe."

Efesios 2:8-9

"No por las obras de justicia que habíamos realizado, sino solamente por su misericordia, él nos salvó, haciéndonos renacer por el bautismo y renovándonos por el Espíritu Santo. Y derramó abundantemente ese Espíritu sobre nosotros por medio de Jesucristo, nuestro Salvador, a fin de que, justificados por su gracia, seamos en esperanza herederos de la Vida eterna."

Tito3:5-7

> *"Crea en mi, Dios mio, un corazon puro, y renueva la firmeza de mi espiritu."*
> Salmo 51:10

La salvación es un regalo de Dios que una persona recibe por fe. Debes creer que eres un pecador en necesidad de salvación- no hay ninguna otra manera de salvarse a si mismo del castigo por tu pecado- y debes creer que Jesucristo vino a pagar por esta penalidad dando Su vida por ti en la cruz del calvario.

"Cristo murió una vez por nuestros pecados —siendo justo, padeció por los injustos— para llevarnos a Dios. Entregado a la muerte en su carne, fue vivificado en el Espíritu." 1 Pedro 3:18

¿Ves tu la necesidad por un Salvador? No hay una formula especial para recibir a Cristo-solo un entendimiento que tu eres un pecador en necesidad de salvación y que tu mismo no te puedes salvar con ningún trabajo o buena obra. Debes creer en tu corazón que Jesucristo vino a ser tu Salvador, que El murió en la cruz por tus pecados, y entonces aceptar Su regalo gratis de salvación por fe.

13

"Porque si confiesas con tu boca que Jesús es el Señor y crees en tu corazón que Dios lo resucitó de entre los muertos, serás salvado. Con el corazón se cree para alcanzar la justicia, y con la boca se confiesa para obtener la salvación. Así lo afirma la Escritura: El que cree en él, no quedará confundido. Porque no hay distinción entre judíos y los que no lo son: todos tienen el mismo Señor, que colma de bienes a quienes lo invocan. Ya que todo el que invoque el nombre del Señor se salvará." Romanos 10:9-13

Si es tu deseo el llamar en el nombre del Señor y ser salvo, puedes hacerlo ahora mismo. Simplemente ora a Dios confesando que eres un pecador, admitiendo tu necesidad por El para salvarte de tus pecados, pídele a El que te mande su Espíritu Santo para que resida en tu corazón, y entonces dale gracias por el regalo de Su salvación.

"Justificados, entonces, por la fe, estamos en paz con Dios, por medio de nuestro Señor Jesucristo." Romanos 5:1

"Algunos de ustedes fueron así, pero ahora han sido purificados, santificados y justificados en el nombre de nuestro Señor Jesucristo y por el Espíritu de nuestro Dios." 1 Corintios 6:11

La Salvación en Jesucristo es lo que trae la habilidad de cambiar el corazón.

Una vez salvo, has sido permitido de cambiar en el nivel del corazón (mente, pensamientos, deseos, intenciones, emociones) a través de la persona de Jesucristo y el poder del Espíritu Santo viviendo Su vida en ti. El Señor te da el poder para hacer cambios en tu corazón que son comprobados con tu comportamiento.

Los cambios que debes hacer tal vez no sean tan fáciles.

En algunos casos estarás cambiando comportamiento y hábitos pecaminosos que has tenido la mayor parte de tu vida. Las buenas nuevas es que si es posible este cambio.

Su poder divino, en efecto, nos ha concedido gratuitamente todo lo necesario para la vida y la piedad, haciéndonos conocer a aquel que nos llamó por la fuerza de su propia gloria. Gracias a ella, se nos han concedido las más grandes y valiosas promesas, a fin de que ustedes lleguen a participar de la naturaleza divina, sustrayéndose a la corrupción que reina en el mundo a causa de los malos deseos. 2 Pedro 1:3-4

Antes que el cambios sea bíblico debe haber un deseo de cambiar para glorificar a Dios

¡Tú has sido permitido cambiar divinamente, para ser santo, para vivir la vida que Dios te ha llamado a vivir! Yo espero que esto te provoque el alabar "Aleluya."

A menudo, cuando los aconsejados vienen con un problema, su meta en consejería es el sentirse mejor. Ellos equivocadamente creen que si salen de la consejería sintiéndose mejor, han tenido éxito. Cuando este es el motivo, frecuentemente los problemas que los trajeron a la consejería reaparecen y su aflicción se profundiza en desesperación. Es por esto que la meta de esta consejería está fuera de los fundamentos mundanos.

El objetivo de toda consejería es el cambio, pero no el cambio solo en circunstancias o el cambio solo en sentimientos. El propósito de la consejería bíblica es el cambio al nivel-del-corazón que trae vida que glorifica a Dios.

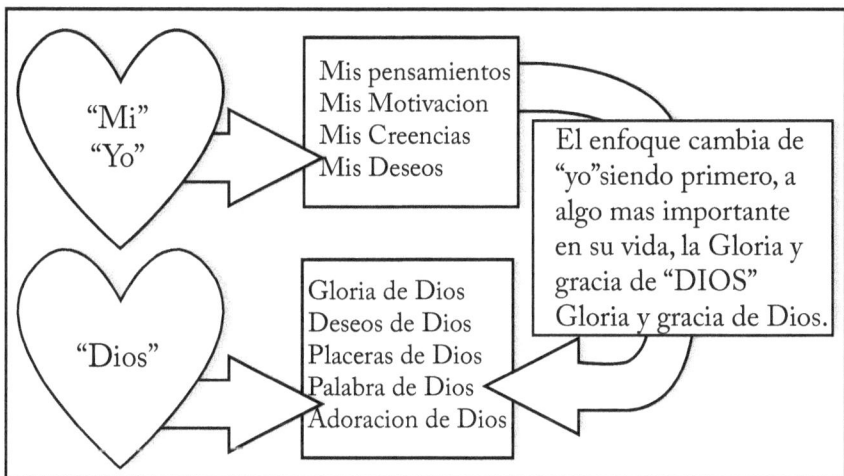

"Mi" "Yo"

Mis pensamientos
Mis Motivacion
Mis Creencias
Mis Deseos

El enfoque cambia de "yo"siendo primero, a algo mas importante en su vida, la Gloria y gracia de "DIOS" Gloria y gracia de Dios.

"Dios"

Gloria de Dios
Deseos de Dios
Placeras de Dios
Palabra de Dios
Adoracion de Dios

Esto significa que las prioridades de Dios se vuelven tus prioridades. Lo que Él dice en Su Palabra que es importante para El, se vuelve muy importante para ti.

Estos cambios toman lugar en el hombre interno antes que haya evidencia de cambios en el comportamiento.

III Hombre interno / Vida interna

La Biblia tiene que decir en abundancia acerca del trabajo en el interior del hombre y su comportamiento resultante. Me gustaría que te enfocaras en algunos pasajes fundamentales para ayudarte a entender el proceso del cambio bíblico.

El primero es que estamos mandados a cambiar.

"Les digo y les recomiendo en nombre del Señor: no procedan como los paganos, que se dejan llevar por la frivolidad de sus pensamientos" Efesios 4:17

"No permitan que el pecado reine en sus cuerpos mortales, obedeciendo a sus malos deseos. Ni hagan de sus miembros instrumentos de injusticia al servicio del pecado, sino ofrézcanse ustedes mismos a Dios, como quienes han pasado de la muerte a la Vida, y hagan de sus miembros instrumentos de justicia al servicio de Dios." Romanos 6:12-13

"Por lo tanto, hermanos, yo los exhorto por la misericordia de Dios a ofrecerse ustedes mismos como una víctima viva, santa y agradable a Dios: este es el culto espiritual que deben ofrecer. No tomen como modelo a este mundo. Por el contrario, transfórmense interiormente renovando su mentalidad, a fin de que puedan discernir cuál es la voluntad de Dios: lo que es bueno, lo que le agrada, lo perfecto." Romanos 12:1-2

La renovación de la mente que se habla en Romanos 12:2 es solamente un aspecto del cambio de corazón. El ser "transformado" es la palabra Griega metamorphoo que traducimos como metamorfosis. Significa: transformar (literal o figurativamente "metamorfosear") –cambio, transfiguración, transformación. Frecuentemente es más comparado con la transformación de la oruga con una hermosa mariposa.

En la salvación, tu corazón fue transformado de un corazón de piedra que odiaba a Dios a un corazón de carne que es capaz de amar a Dios (Ezequiel 36:26) y de servirle y de adorarlo.

Así como una mariposa de ninguna manera se parece a una oruga, tú ya no vas a ser moldeado, formado, o parecido en nada exteriormente a los valores, moralidad, comportamientos, y creencias mundanas.

"Antes, ustedes eran tinieblas, pero ahora son luz en el Señor. Vivan como hijos de la luz. Ahora bien, el fruto de la luz es la bondad, la justicia y la verdad." Efesios 5:8-9

16

Este tipo de cambio de la mente viene solo cuando el Espíritu Santo cambia tus pensamientos por medio del estudio constante y de la meditación en la Palabra de Dios. Este tipo de estudio te permitirá el conocer cual es la voluntad de Dios para ti.

"No tomen como modelo a este mundo. Por el contrario, transfórmense interiormente renovando su mentalidad, a fin de que puedan discernir cuál es la voluntad de Dios: lo que es bueno, lo que le agrada, lo perfecto."
Romanos 12:2

No hay mejor pasaje para describir los cambios que tenemos que experimentar que el que se encuentra empezando en Efesios 4:22:

"De él aprendieron que es preciso renunciar a la vida que llevaban, despojándose del hombre viejo, que se va corrompiendo dejándose arrastras por los deseos engañosos, para renovarse en lo más íntimo de su espíritu y revestirse del hombre nuevo, creado a imagen de Dios -en la justicia y en la verdadera santidad."
Efesios 4:22-24

La versión de la Reina Valera Contemporánea lo dice de esta manera:

"Por eso ,deben ustedes renunciar a su antigua manera de vivir y despojarse de lo que antes eran, ya que todo eso se ha corrompido, a causa de los deseos engañosos. Deben renovarse espiritualmente en su manera de juzgar, y revestirse de la nueva naturaleza, creada a imagen de Dios y que se distingue por una vida recta y pura, basada en la verdad."
Efesios 4:22-24 (RVC)

¿De que tenemos que "despojarnos"?

Ambiciones egoístas: pensando en ti antes que en los demás
Disensiones: causar problemas
Contención: causar divisiones
Envidia: querer lo que alguien más tiene
Borracheras: embriaguez, beber en exceso
Orgias: tener sexo en grupos
Injusto: injusticia, o iniquidad en general
Perversidades: el deseo de lastimar a otros; malicia; esfuerzo para hacer daño al prójimo
Avaricia: deseando obtener lo que es de otros
Libertinaje: perversidad en general; la acción de hacer el mal en vez del deseo de hacer lo que no seria "maldad"
Homicidios: el crimen de tomar la vida de un ser humano, pensando de antemano el hacer sufrir a otros usualmente.
Contiendas: contención, contienda, altercados, conectado con enojo y celos. (Por supuesto, esta contención y estos conflictos podrían ser seguidos por malicia y codicia, etc.)

Engaños: esto denota fraude, falsedad

Malignidades: malinterpretar las palabras o acciones de otros, o pensar la peor interpretación la conducta de otra persona

Murmuradores: chismoso, aquellos que en secreto y de modo astuto, por medio de pistas e insinuaciones, menosprecian a otros

Ira: enojo o animosidad entre personas, tomando partidos, usualmente causando divisiones

Luchas: causa divisiones de familias o grupos de amistades

Divisiones: separación de diferentes grupos de personas quienes están envenenados y resentidos unos con otros acusándose y culpándose mutuamente

Difamadores: aquellos que hablan mal de los que están ausentes

Aborrecedores de Dios

Detractores: esta palabra denota aquellos que abusan o tratan a otros sin crueldad o desdén

Soberbios: el orgullo es muy bien entendido. Es el exceso de auto-estima; presunción irracional de la superioridad de una persona en dones, belleza, riqueza, logros, etc. (Webster's)

Altivos: aquellos que hablan de si mismos con alta admiración, o que pretenden el tener un carácter que no tienen. Esto está muy relacionado con el orgullo

Inventores de males: buscando encontrar nuevas maneras o planes para practicar maldad; nuevos dispositivos para gratificar lujurias y pasiones; nuevas formas de lujos y vicios, etc.

Desobedientes a los Padres: Esto expresa la idea que ellos no demuestran honor, respeto, y atención a sus padres como debe ser

Necios/Sin entendimiento: Inconsiderados o necios

Desleales/Quebrantadores de pactos: falsedad en cumplir con sus contratos

Sin afección natural: Esta expresión denota una falta de afecto hacia sus hijos. Se refiere aquí a la practica de exponer a sus hijos, o el ponerlos en riesgo de muerte – abortos, o suicido infantil

Implacables/Despiadados: destituidos de compasión

Injustos: aquellos que hacen injusticias a otros, atentando hacerlo aún bajo la sanción de la ley

Afeminados/Amanerados: Aplica a la inmoralidad, denota hombres que son auto-indulgentes en prácticas sodomitas, aquellos que se dan al libertinaje y a placeres sensuales, muchachos que se someten a veces contra su voluntad o se prostituyen al tener relaciones sexuales con otros hombres

Maldicientes: palabras ásperas, groseras y amargas; aquellos que son caracterizados por abusar a otros, calumniando su carácter e hiriendo sus sentimientos

Ladrones: extorsionistas, personas codiciosas, quienes oprimen al pobre, al necesitado y a los huérfanos, para obtener ganancia

Amotinadores: rebeldes, demostrando un comportamiento con falta de moralidad y con conductas sexuales, reuniones de metiches y desafiadores, escenas de desorden y de sensualidad, el cual es acompañado por una vida lujuriosa.

Borracheras: alborotadores y borrachos

Comportamiento libidinoso e inmodesto: incluye indulgencias ilícitas de todo tipo, adulterio, etc.

Luchas: contenciones envidiosas, disputas, litigaciones
Envidia: cualquier pasión intensamente fuerte, impulsiva, "ardiente"

"Podrás encontrar esto enumerado en Gálatas 5:19, Romanos 1:24-32; 13:13; 1 Corintios 6:9-10; Colosenses 3:5.

¿Tienes tú cualquiera de estos pecados en tu vida?

Puede ser que luches con algunos o muchos de estos pecados hoy día, a pesar de que seas un cristiano. Nunca estarás completamente libre de todo pecado mientras estés en este mundo, pero por la Gracia de Dios al crecer en Cristo, verás una disminución en tus hábitos pecaminosos y un aumento en pensamientos y comportamientos justos.

La segunda versión de Efesios 4:22 nos dice que el hombre viejo "crece en corrupción" de acuerdo con la lujuria engañosa. Nuestra carne (el viejo hombre, pecador por naturaleza) estará con nosotros hasta el día en que dejemos este mundo. Si se lo alimenta, continuará floreciendo y crecerá más fuerte y más corrupto. La carne no se alimenta de la bondad; se alimenta de pensamientos y deseos pecaminosos que conducen a acciones pecaminosas. Sus deseos son insaciables.

Una excelente ilustración de corrupción viene de la antigua justicia Romana. Cuando un hombre cometía un asesinato, un método para castigarlo era el de amarrar el cuerpo de la víctima al asesino. La victima era atada al asesino por las muñecas, el pecho, las piernas y los tobillos para darle el máximo contacto de piel posible. El asesino llevaba a su víctima a todo lugar que fuera; no había escapatoria. Así que cuando el cuerpo de la víctima comenzaba a descomponerse, moscas y gusanos comenzaban a seguirlo y a cubrir el cuerpo de la victima. El ácido por la descomposición del cuerpo de la victima entonces comenzaba a comerse la piel del asesino, abriendo la posibilidad de infecciones por las moscas y otros agentes que penetraban las heridas abiertas. La pestilencia de la carne podrida hacia que el asesino sintiera nauseas, y que rogara el ser liberado de su tortura. Él quería más que nada el poder sacarse esa pestilencia del mal olor del cadáver y escaparse. Eventualmente el asesino moriría de envenenamiento séptico, el envenenamiento de sangre, o cualquier otra infección.

La ilustración demuestra que la carne creció más y más corrupta conforme mantenía contacto con la pestilencia de la carne podrida al punto que le arrebató la vida al asesino.

> "Si ustedes viven según la carne, morirán. Al contrario, si hacen morir las obras de la carne por medio del Espíritu, entonces vivirán."
>
> Romanos 8:13

Aplicando esto de regreso al presente en tu vida, la mayor parte del tiempo que estés en contacto con tu antigua forma de vida y con el pecado que contiene, lo más corrompido que te volverás. Tu estas mandado a "despojarte" "tirar afuera" tu conducta antigua. Esto implica el quitarla o tirarla lo más lejos posible de ti, como si fuera ese cadáver podrido.

En adición al despojarte del viejo hombre, tienes que renovar el espíritu de tu mente.

"para renovarse en lo más íntimo de su espíritu" Efesios 4:23

La Palabra y el Espíritu proporcionan lo necesario para renovar tu mente (Romanos 12:1-2). Esto está inseparablemente conectado con el cambio de vida y te permite entender, creer y obedecer.

"Tampoco se engañen los unos a los otros. Porque ustedes se despojaron del hombre viejo y de sus obras, y se revistieron del hombre nuevo, aquel que avanza hacia el conocimiento perfecto, renovándose constantemente según la imagen de su Creador." Colosenses 3:9b-10

Cuando te convertiste en un cristiano, Dios te dio un espíritu completamente nuevo y la capacidad moral que una mente apartada de Cristo nunca podría lograr (1 Corintios 2:9-16). Tu mente es el centro del pensamiento, entendimiento, creencia, deseo, y motivación. Es por esto que es crítico el empezar a renovar tu mente con Su Palabra.

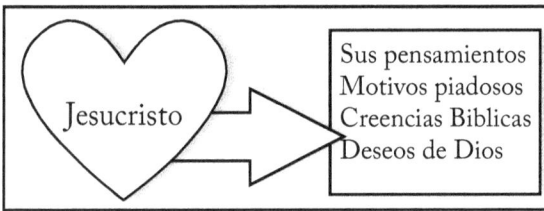

No es adecuado el cambiar solamente tu comportamiento, porque lo que decreta este comportamiento sigue igual. Tu mente debe ser re-entrenada para operar bíblicamente, para que cuando seas presentado con las mismas tentaciones viejas, pienses en una respuesta nueva. En lugar de pensar. "Si digo la verdad me voy a meter en problemas", el nuevo pensamiento será "Diciendo la verdad es la manera que honraré a Dios, aun si significa que seré disciplinado. Es más importante el ser honesto que el aparentar ser bueno o el evitar ser castigado".

No puedes asumir que solo estos nuevos pensamientos te guiarán a caminar con dignidad/nueva vida. También debes enfrentarte a lo que está delante en tu manera de creer y actuar. Cambio genuino es mucho más que el parar un mal comportamiento. Debe haber arrepentimiento que incluye un entendimiento de que las acciones presentes no están glorificando a Dios. Debe haber un cambio en la manera de vivir tu vida. El arrepentimiento genuino está acompañado por el deseo de obedecer. No puedes separar el pensar del obedecer; son inseparables.

""Pongan en práctica la Palabra y no se contenten sólo con oírla, de manera que se engañen a ustedes mismos. El que oye la Palabra y no la práctica, se parece a un hombre que se mira en el espejo, pero en seguida se va y se olvida de cómo es." Santiago 1:22-24

Cuando Jesucristo es soberano en tu corazón (hombre interno), tus pensamientos, entendimiento, creencias, deseos, y motivaciones fluyen de lo que Él quiere que tu hagas de acuerdo a su Palabra.

"y revestirse del hombre nuevo, [ponerse su nuevos yo, el nuevo hombre] creado a imagen de Dios en la justicia y en la verdadera santidad." Efesios 4:24

Esto indica un cambio completo en tu estilo de vida. El cambio real empieza en el corazón y fluye a través de tu vida reflejando a Cristo en ti.

Algunos ejemplos específicos del despojarse/ revestirse de Efesios 4&5:

DESPOJARSE	REVESTIRSE
• 4:25 Desechar la mentira	• Hablar la verdad
• 4:26 No pecar en su enojo	• No acostarse a dormir eno-jado, perdonar
• 4:28 Parar de robar	• Trabajar por lo que se necesita y así poder compartir con otros
• 4:29 Parar de hablar palabra corrompida	• Decir palabras que edifiquen a otros a fin de dar gracia a los oyentes
• 4:31 Quitarse toda amargura, enojo, ira, griteríos, maledicencia	• Ser amable unos con otros, misericordiosos, perdonador, imitador de Dios; caminando en amor, dando gracias.
• 5:3 Fornicaciones, impurezas, y codicias	• 5:11 No participar en las obras de las tinieblas
• 5:4 Inmundicias, insensatez, bromas groseras	• 5:15 Camine con diligencia, sabiamente, entendiendo cual es la voluntad de Dios
• Manifestar las obras de la carne	• Manifestar el fruto del Espíritu

"No se dejen engañar por falsas razones: todo eso atrae la ira de Dios sobre los que se resisten a obedecerle. ¡No se hagan cómplices de los que obran así! Las obras de la luz y de las tinieblas Antes, ustedes eran tinieblas, pero ahora son luz en el Señor. Vivan como hijos de la luz. Ahora bien, el fruto de la luz es la bondad, la justicia y la verdad. Sepan discernir lo que agrada al Señor, y no participen de las obras estériles de las tinieblas; al contrario, pónganlas en evidencia. Es verdad que resulta vergonzoso aun mencionar las cosas que esa gente hace ocultamente"

Efesios 5:6-12

Todos estos cambios son posibles y requeridos por Dios. El nunca nos dice que hacer sin decirnos cómo hacerlo o prepararnos para hacerlo.

"A aquel que es capaz de hacer infinitamente más de lo que podemos pedir o pensar, por el poder que obra en nosotros,"   Efesios 3:20

"Yo soy la verdadera vid y mi Padre es el viñador. Él corta todos mis sarmientos que no dan fruto; al que da fruto, lo poda para que dé más todavía. Ustedes ya están limpios por la palabra que yo les anuncié. Permanezcan en mí, como yo permanezco en ustedes. Así como el sarmiento no puede dar fruto si no permanece en la vid, tampoco ustedes, si no permanecen en mí. Yo soy la vid, ustedes los sarmientos. El que permanece en mí, y yo en él, da mucho fruto, porque separados de mí, nada pueden hacer."   Juan 15:1-5

"Porque Dios es el que produce en ustedes el querer y el hacer, conforme a su designio de amor."   Filipenses 2:13

El cambio del corazón es hecho por la obra del Espíritu de Dios. El proceso de la santificación es evidencia de tu salvación. Si no fuese por el Espíritu Santo que vive dentro de ti, tú no tendrías ningún deseo de cambiar tu corazón o de glorificar a Dios.

Dios se complace en ti porque Cristo tomó nuestro castigo, y eso nunca cambiará. Su placer se mantiene en ti porque Su furia fue satisfecha por Cristo.

El "agrado" de Dios que se hace en el proceso de santificación ensalza el nombre de Dios y a Su Persona. Está contenido en revelar Cristo en ti mismo a otros, introduciéndolos al carácter y a la persona de Cristo por medio de ti. Esto trae inmensa gloria a Dios.

El cambio es una batalla de la mente que se lucha dentro del cuerpo

Mucha gente me pregunta frecuentemente por maneras prácticas de cambio. Estas son algunas sugerencias bíblicas:

Piensa acerca de tus pensamientos.

Pregúntate si tus pensamientos, palabras, acciones o deseos dan gloria a Dios antes que los ejecutes.

Memoriza las Escrituras

Memoriza las Escrituras que se relacionan de manera específica con el pecado contra el que luchas.

Sé honesto con Dios

"Sondéame, Dios mío, y penetra mi interior; examíname y conoce lo que pienso; observa si estoy en un camino falso y llévame por el camino eterno."
Salmo 139:23-24

Dios todo lo sabe y sabe que es lo que está en tu corazón antes que tú lo sepas. El está al tanto de todos nuestros caminos.

"Señor, tú me sondeas y me conoces, tú sabes si me siento o me levanto; de lejos percibes lo que pienso, te das cuenta si camino o si descanso, y todos mis pasos te son familiares. Antes que la palabra esté en mi lengua, tú, Señor, la conoces plenamente;"
Salmo 139:1-4

Esta petición es una muestra de humildad y sumisión a Quien es El. El preguntarle a Dios que examine si hay maldad en ti indica tu deseo de cambiar.

Confiesa tu pecado a Dios.

"Si decimos que no tenemos pecado, nos engañamos a nosotros mismos y la verdad no está en nosotros. Si confesamos nuestros pecados, él es fiel y justo para perdonarnos y purificarnos de toda maldad."   1 Juan 1:8-9

Admitiendo tu pecado es una señal de que el Espíritu Santo está trabajando en ti. La confesión es el estar de acuerdo con Dios, que lo que tú has hecho está mal y es ofensivo para El. Cuando tú sabes que has hecho mal, eres responsable por cambiar tu comportamiento a través de la renovación de tu mente.

Trata de mantener un diario de tus pensamientos.

Esto ha sido probado de ser una herramienta efectiva en el proceso de cambios bíblicos. Escribe lo que estás pensando, creyendo y deseando en tu corazón a través del día, especialmente en momentos en que pecas. Después, revisa tu diario y ve si puedes respaldar tus pensamientos, creencias, o deseos bíblicamente. Ve si puedes encontrar versos en la Biblia que legítimamente te apoyen o Escritura que revele que estabas erróneo y pecaste. Confiesa tu pecado a Dios, dale gracias por Su perdón y busca el memorizar los versos concernientes a superar el asunto o que hablen de tu lucha contra ese pecado de manera específica.

Pon todo pensamiento cautivo.

> *"Por eso destruimos los sofismas y toda clase de altanería que se levanta contra el conocimiento de Dios, y sometemos toda inteligencia humana para que obedezca a Cristo."* 2 Corintios 10:5

Recuerda que lo que tú piensas en tu corazón es lo que guía tu comportamiento. Cuando estás comenzando este proceso de renovar tu mente, hay muchos más patrones de pensamiento viejos contra los que hay luchar. No puedes conquistar tus pensamientos con armas tradicionales. Tu batalla toma lugar en el mundo invisible de tu mente y tu corazón.

El apagar la televisión o dejar amistades corrompidas es una manera palpable de luchar, pero la mayor parte de la lucha será interna. ¡Y sí que es una lucha! Tienes que atacar a los patrones de pensamientos viejos y pecaminosos con la verdad de la Palabra de Dios. Debes capturar estos pensamientos y sujetarlos al escrutinio Bíblico. ¿Pasan el examen de un cambio de corazón? ¿Pasan el examen de glorificar a Dios? El verso anterior nos dice que debemos "destruir los sofismas [pensamientos, ideas, especulaciones, razonamientos filosóficos, y religiones falsas] y toda pretensión que se establece dentro de uno [exaltándose a si mismo] en contra del conocimiento de Dios" (amplificaciones agregadas).

Esta es la batalla que toma lugar en la mente ¡y puedes esperar una batalla! Puede ser que has vivido con patrones de pensamiento pecaminosos por muchos años. ¿Será razonable el esperar poder cambiarlos todos rápidamente? Algún cambio sí podría venir fácilmente, pero alguno de tus comportamientos, pensamientos, y deseos no serán tan faciles de cambiar.

> *"Porque la carne desea contra el espíritu y el espíritu contra la carne. Ambos luchan entre sí, y por eso, ustedes no pueden hacer todo el bien que quieren.* Gálatas 5:17

Estas dos naturalezas están en guerra la una contra la otra; desean cosas opuestas. La carne te llevará a conducta pecaminosa. El espíritu te recordará lo que es justo y lo que Dios desea- obediencia que lo glorifique a Él.

Esto será una guerra continua hasta que lleguemos a la gloria.

Los hábitos pueden ser quebrantados

Puesto que estos son hábitos pecaminosos, pueden ser cambiados. Gracias a Dios estos hábitos no son enfermedades, defectos, o padecimientos. Contra lo que estás luchando es el pecado. El pecado es serio, ¡pero no insuperable! Tu pecado es lo suficientemente serio que Jesucristo murió por él y te dio victoria sobre él. No tienes que seguir viviendo tu vida esclavizada a tus presentes pensamientos, creencias, y deseos pecaminosos.

"Hasta ahora, ustedes no tuvieron tentaciones que superen sus fuerzas humanas. Dios es fiel, y él no permitirá que sean tentados más allá de sus fuerzas. Al contrario, en el momento de la tentación, les dará el medio de librarse de ella, y los ayudará a soportarla." 1 Corintios 10:13

Las veces que falles en tomar el camino para liberarte y caigas nuevamente en el hábito pecaminoso del que te estás despojando, recuerda que el cambio toma tiempo y es un proceso que toma tiempo. No desarrollaste este hábito pecaminoso de la noche a la mañana así que tampoco podrás superarlo de la noche a la mañana.

Anímate

Donde sea que te encuentres en este proceso de cambio, por favor, quédate seguro que estás exactamente donde Dios quiere que estés. Dios nunca se sorprende con tu pecado o tus luchas contra él. El nunca malgasta nada, ni siquiera nuestros fracasos.

"Sabemos, además, que Dios dispone todas las cosas para el bien de los que lo aman, de aquellos que él llamó según su designio. En efecto, a los que Dios conoció de antemano, los predestinó a reproducir la imagen de su Hijo, para que él fuera el Primogénito entre muchos hermanos; y a los que predestinó, también los llamó; y a los que llamó, también los justificó; y a los que justificó, también los glorificó." Romanos 8:28-30 (énfasis agregado)

Todas estas cosas son parte de lo que Dios está haciendo en y por medio de ti.

¡Se exhortado! ¡Jesucristo ha obtenido la victoria por ti! ¡La victoria es tuya y la puedes tomar! Por quien tú eres en Cristo, tienes la habilidad de cambiar, y aún mejor que eso, tienes al Dios del universo respaldándote, cuidándote, amándote. ¡Esto te debe traer una tremenda esperanza!

¡Por el poder de Dios no hay nada que no pueda ser cambiado!

¡A aquel que es capaz de hacer infinitamente [excesivamente, abundantemente, sin medida] más de lo que podemos pedir o pensar, por el poder que obra en nosotros, a él sea la gloria en la Iglesia y en Cristo Jesús, por todas las generaciones y para siempre! Amén." Efesios 3:20-21 (Amplificaciones agregadas)

El Proceso de Cambios Bíblicos
Asignación de Tareas
Por Gaila Roper

El cambio inicial ocurre en la Salvación a través de la substitución que Cristo hizo por nosotros en la cruz (2 Corintios. 5:21). El proceso de cambio continúa, aún después de la Salvación, con el propósito de dejar atrás quienes éramos y avanzar hacia adelante, mientras revelamos la imagen de Cristo en nosotros, con el único propósito de glorificar a Dios. (Filipenses 3:12-14)

Este es el proceso de santificación, que es la voluntad de Dios mientras estemos aquí en la tierra (1 Tesalonicenses 4:3). Requiere esfuerzo y perseverancia para superar y lograr lo que Dios ya ha trabajado en ti (2 Pedro 1:3-4, Filipenses 2:12-13). A través de la santificación, luchamos contra la corrupción por dentro y por fuera, al mismo tiempo, buscamos el honrarlo con nuestras vidas.

El cambio verdadero debe venir al nivel del corazón para que no solo afecte nuestra conducta pero también para que cambie nuestro carácter. Este poder de hacer y de ser es la vida de Cristo trabajando en y a través de nosotros. No es una forma de santidad, o de convicción legalista impotente para hacer el bien. Es El. Nosotros vivimos para El. El es merecedor de recibir todo el honor y la gloria por este proceso.

Usando su folleto y la biblia, complete el siguiente estudio, contestando las preguntas en un cuaderno.

- ¿Cómo te has entrenado para responder al problema que estás enfrentando en tu vida?
- Escribe los comportamientos automáticos que sabes que luchas en contra.

1. El cambio requiere un entendimiento de la condición presente de tu corazón.

A. Define el corazón bíblicamente.

- ¿De cuantas partes básicas estás tu hecho? Enumera los versículos referidos para cada uno de ellos.

B. Lee Lucas 6:45 y Mateo 15:18-19 y piensa acerca de tu propio comportamiento. ¿Qué te dicen estos dos pasajes de la Biblia sobre la importancia del corazón?

- Puesto que el corazón es el centro de control que guía y determina tus acciones, ¿Qué es lo que genera tu comportamiento? (Vea el diagrama [pagina 4] sobre el corazón.)
- ¿Cuánto de lo que estás luchando en contra, está centrado en la creencia de

"yo debo complacerme a 'mi' mismo, yo tengo que hacerlo a 'mi' manera, o debo vivir la vida para 'mis' propios placeres?"

C. La importancia de Raíces/Frutos

ra esta sección, por favor refiérete al diagrama del árbol en las páginas 6 y 7 en este folleto. ¡Estudia estas secciones cuidadosamente!

1. Aprendiste que el corazón es el centro de control, conteniendo y produciendo tus pensamientos, creencias, motivaciones, y deseos.

- Dibuja tu propio árbol, incluyendo en la parte de arriba la fruta de tu comportamiento y las posibles causas de las raíces en la parte de abajo. Escribe en el tronco del árbol que es lo que piensas que te motiva a actuar de esta manera. Esto será bien difícil- ¡pero continúa! Acuérdate que todas tus acciones, incluyendo lo que sea que te ha traído a consejería, empezó con un pensamiento, creencia, o deseo en tu corazón.
- ¿Puedes ver la conexión entre los deseos de tu corazón (raíz) y la conducta (fruto) que estás experimentando?
- ¿Has tratado en el pasado de parar tu comportamiento y no has podido?
- Con esto en mente, escribe unos cuantos párrafos explicando tu entendimiento en la relación entre la Raíz y el Fruto en tu vida.

2. Solo Dios puede cambiar el corazón humano (espero que esto ha quedado establecido).

- Escribe varios párrafos con versículos de la Biblia sobre qué es lo que Dios ha hecho y está haciendo para lograr el cambio en tu corazón.

3. Un nuevo corazón es dado por Dios en la Salvación. La salvación es necesaria por la existencia del pecado.

- El pecado al cual te estás enfrentando en este estudio tiene un remedio espiritual. Escribe cuál piensas que sea ese remedio.
- Sin Jesucristo es imposible someternos a Dios y obedecerlo. Escribe un párrafo acerca del porque crees en esto o si crees que no es cierto.
- La Salvación en Jesucristo es lo que trae la habilidad para un cambio de corazón. Brevemente escribe acerca de la experiencia/testimonio de tu salvación.
- ¡Los cambios que debes hacer puede ser que no sean fáciles! Mira en 2 Pedro 1:3-4. Escribe un párrafo sobre como este versículo es verdadero acerca de los problemas a los que te enfrentas hoy en día.

II. Tiene que haber un deseo de cambiar para glorificar a Dios antes que el cambio sea bíblico.
- Examina el diagrama en la página 13. Escribe un resumen de una hoja

completa acerca del porque y cómo este proceso de cambios bíblicos no es solo lógico, pero también es posible, con la única meta de traer gloria a Dios. (Demuestra en el hombre interno el cambio de corazón que debe ocurrir antes de que sea posible el cambio total y el honrar a Dios. Explica este cambio de enfoque y los resultados).

III. Hombre interno/Vida interna

A. El Mandamiento de cambiar

- ¿Qué significa "el ser transformado"?
- Responde esta pregunta en forma de párrafo: "¿Qué aspecto de tu corazón y de tu mente necesita ser transformado?"
- Usando los versos de la Biblia en esta lección, escribe un par de párrafos detallando el proceso de renovar la mente.
- Estudia la lista "El despojarse" de la página 15 y 16 en tu folleto (Versos: Gálatas 5:19, Romanos 1:24-32, 13:13; 1 Corintios 6:9-10; Colosenses 3:5). Tómate el tiempo para cuidadosamente leer estos "despojarse" y escribir tus propias áreas pecaminosas.
- Sabiendo lo que has aprendido al completar estas tareas, ¿Qué tipo de corazón ha generado estos pecados? Regresa a tu árbol, de ser necesario.

Nosotros sabemos que tu nunca serás completamente libre de todo pecado en este mundo, pero por la gracia de Dios, conforme creces en Cristo, podrás ver una disminución es tus hábitos pecaminosos y un crecimiento en pensamientos y comportamientos justos (ve Efesios 4:22). ¿Te das cuenta que estas áreas de pecado no glorifican a Dios?

B. La ilustración de la justicia Romana frecuentemente afecta a la gente conforme ellos piensan en su propio pecado, siendo como un cuerpo sin vida que ellos cargan alrededor mientras se come su propia carne. Conforme ves este pecado sabes que debes "despojarte" de él, escribe un párrafo o dos acerca de la reacción a esta ilustración.

C. 2 Corintios 7:10 habla de las dos maneras diferentes de arrepentimiento.

- ¿Cuál es el "arrepentimiento mundano"?
- ¿Cuál es el arrepentimiento para Salvación?
- Luego de estudiar este versículo, escribe un párrafo sobre tu entendimiento de lo que significa para ti el arrepentirse de verdad.

D. Toma tu tiempo para arrepentirte, y para renovar tu mente. Y entonces después adóralo a Él.

- Escribe un resumen de una página acerca de cómo el proceso de arrepentirse juega una parte muy importante en el cambio/renovación de tu corazón. Provee apoyo Bíblico.

• ¿Por qué es importante el remplazar conductas impías con conductas piadosas? (lee el diagrama de "Despojarse"/"Revestirse")

IV. El cambio es una batalla de la mente que se lucha dentro del cuerpo.

A. Hay Ocho Herramientas, o Hábitos de la Disciplina, que se relacionan con el mantenimiento de estos cambios:

1. ¡Piensa acerca de tus pensamientos-pregúntate si tus pensamientos, palabras, acciones, o deseos glorifican a Dios "antes" de que los ejecutes! Algunas personas encuentran útil al principio el mantener un diario de sus pensamientos.
2. Memoriza los versos de las Escrituras que se relacionan específicamente con el pecado contra el cual estás luchando. Haz una lista de ellos aquí.
3. Se honesto con Dios- lee el Salmo 139:23-24. Dios es soberano. El te conoce bien.
4. Confiesa tu pecado a Dios- lee 1 de Juan 1:8-9. "Cuando sabes que has hecho el mal, eres responsable por cambiar tu comportamiento a través de la renovación de tu mente." (¡No seas inmaduro! ¡No necesitas continuar viviendo como víctima! Remplaza esas mentiras con la verdad en la Palabra de Dios, con obediencia y un corazón sometido a Dios).
5. Trata de mantener un diario de tus pensamientos. No trates de ser perfecto en esto. Escribe tus pensamientos, creencias, y deseos en un papel cuando estás sufriendo on atención a esta parte en tu folleto.
6. Tom o pensamiento cautivo. Lee 2 de Corintios 10:5. ¡Recuerda que lo que piensas en tu corazón es lo que guía tu conducta! Esto será en gran parte la naturaleza interna contra la que estarás luchando. Esto toma mucho esfuerzo. No te des la vuelta y seas pasivo o te hagas el dormido- estás bien vivo en Cristo. ¡Date cuenta de cada error en tu corazón con la verdad! ¡Despiértate! La verdad es que tú ya estás equipado. (lee Efesios 6, acerca de la armadura de Dios).
7. Los hábitos pueden ser quebrantados. ¡Memoriza 1 de Corintios 10:13!
8. Anímate… Aun cuando sufrimos, Dios es soberano. Lee y memoriza Efesios 3:20-21.

"Por quien tu eres en Cristo, tienes la habilidad de cambiar y aún mejor que eso, tienes al Dios del universo ayudándote, cuidándote, amándote."

Cita por Julie Ganschow

Sobre el autor

Julie Ganschow es una consejera Bíblica certificada por la ASOCIACION NACIONAL DE CONSEJEROS NUTETICOS [NATIONAL ASSOCIATION OF NOUTHETIC COUNSELORS (NANC)] y la ASOCIACION INTERNACIONAL DE CONSEJEROS BIBLICOS [INTERNATIONAL ASSOCIATION OF BIBLICAL COUNSELORS (IABC)], y es una mentora regional de mujeres del IABC.

Ha sido un placer para Julie el estar involucrada en discipulado, aconsejando mujeres desde 1998. Julie ha tenido un entrenamiento y educación extensiva y está en busca de su Maestría en Consejería Bíblica. En la actualidad ella se encuentra como parte del personal docente en el MINISTERIO DE CONSEJERIA REINANDO EN GRACIA (REIGNING GRACE COUNSELING MINISTRIES) enseñando y entrenando a otros en consejería y discipulado bíblico, y hasta recientemente asistió a la Iglesia GRACE COMMUNITY CHURCH en West Allis, Wisconsin.

En mayo del 2009, Julie y su familia se mudaron a Kansas City, Missouri donde ella ha puesto una nueva sucursal de consejería de RGCC para ser servir a las mujeres del oeste de Missouri y del este de Kansas y para expandir el aspecto de la enseñanza y del ministerio.

Su pasión es la de demostrar a todos los que se cruzan en su camino, que la Palabra de Dios contiene todas las respuestas a los problemas de la vida y es completamente suficiente por si misma. Ella tiene la convicción de que la clave para todo cambio verdadero es al nivel del corazón.

www.ingramcontent.com/pod-product-compliance
Lightning Source LLC
Chambersburg PA
CBHW060600030426
42337CB00019B/3579